Ni Minocratie,
Ni Abstention,

ISBN-13: 978-1540804358

ISBN-10: 1540804356

Ni Minocratie,
Ni Abstention,

*Des idées de projets à l'attention de
nos candidats à l'élection présidentielle*

Avant propos

Les campagnes électorales sont des périodes où l'ensemble de la classe politique exprime des idées sous la forme de projets.

Cette période est un moment privilégié où l'expression est reine.
Les débats sont légions entre les différents partis politiques. Ils proposent chacun leurs solutions. Solutions innovantes ou pas, solutions anciennes ou revisitées.

En ces temps de crises, où tous les français se sentent directement concernés par les lendemains incertains. Ils écoutent avec avidité toutes ces propositions. Propositions qui effraient ou qui font rêver.
A écouter tous ces responsables, l'envie m'a pris d'une manière irrépressible de prendre la plume pour participer à ce moment d'expression sur des sujets qui nous concernent tous.
Je ne suis qu'un simple citoyen, sans privilège, ni diplômes, ni fortune, ni relation mais j'ai voulu par ces quelques pages à défaut de faire entendre ma voix, coucher sur le papier les idées qui me hantent.

L'abstention, le vote blanc, la Minocratie(*) ne sont pas les seules formes d'expression.

L'écriture en est une, qui je l'espère ici, sera dans mon cas, constructive.

Je ne représente aucun courant de pensée, je ne suis qu'un citoyen anonyme avec ces idées sûrement saugrenues qui prêteront au mieux à sourire, au pire à critiques.

Sommaire

1. Minocratie

Les élections sont toujours précédées de débats démocratiques, pour que le jour du vote, chacun exprime son choix.
L'abstention, le jour du vote, ou la contestation après ce choix par des mouvements « minocrates » ne permettent pas l'évolution démocratique et sereine d'une société.

La Minocratie est le pouvoir exercé par un groupe d'individu s'opposant aux règles établies par la démocratie et cela avec une certaine forme de pression sur quelques sujets de société.

Soutenir une cause que l'on croit juste est honorable. Encore faut-il que la méthode employée pour le faire soit conforme aux règles de la démocratie. Si évidemment l'action se passe dans un pays démocratique.

Brûlé, cassé, violenté en étant cagoulé, c'est rejeter les règles de la démocratie. Des quartiers sont devenus ainsi des zones de non droit. Critiquer, conspuer, protester en étant anonymement fondu dans la foule, c'est imposer sa loi. Ces minorités prennent le pouvoir localement.

La Minocratie remplace peu à peu la Démocratie sur des segments de la société.

Cette pression peut se manifester sous différentes formes. De la violence verbale à la violence physique, tous les degrés dans l'expression de celle ci sont possibles. Les pressions morales, les menaces peuvent faire parties de ces violences.

Des groupes structurés par leur unité, leur organisation,, leur entregent médiatique, ont le pouvoir de bloquer les souhaits de la majorité. Ils n'ont donc aucune légitimité si elles vont à l'encontre des souhaits de la majorité. Ceux-ci deviennent des minocrates si par leur comportement ils mettent en péril les biens, les libertés, l'intégrité d'autrui, le respect de autres en s'opposant aux lois en vigueur.

La démocratie est le régime politique dans lequel le peuple est souverain. Concrètement l'orientation politique de la nation est définie par des élections ou les décisions correspondent au choix formulé par la majorité des votants. La minorité doit donc accepter les choix de la majorité. Si une partie de cette minorité refuse, conteste violement sur quelques sujets sociétaux, s'oppose par des actes répréhensibles aux actions de la majorité, ces composantes deviennent des minocrates.
Le minocrate n'est pas un anarchiste, car il ne veut pas remettre en cause l'ensemble des fondements de la société. Il veut imposer ces idées sur certain sujet en refusant les décisions démocratiques.

La Minocratie est un contre-pouvoir exercé plus ou moins violement par une minorité sur un ou des sujets déterminés.

Cette minorité par son organisation, par sa maitrise des outils de communication d'aujourd'hui (réseaux sociaux, web, etc. .) compense largement les faibles pouvoirs qu'ils auraient eus dans le cadre d'une démocratie classique.

Les activistes de ces minorités doivent assumer les dommages collatéraux qu'ils provoquent en devenant tuteurs des personnes de leur groupe qui sont présentés à la justice pour leur comportement extrême.
.

Celui qui est interpellé après avoir mis le feu à une voiture, doit être pénalement sanctionné. Le groupe qui l'a entraîné doit devenir co-responsable en devenant son tuteur pour cofinançant les dégâts occasionnés et ceux à venir en cas de récidive.

Les préjudices subis par les victimes (voiture brulée, abris bus détérioré, poubelle brulée, handicap physique, etc.) pourront ainsi être réparés ou à défaut dédommagés.

Si bien sur les coreligionnaires de ses actes deviennent coresponsable et donc tuteurs. Plus simplement dit : «d'assumer ses responsabilités » leur permettant de ne pas être lâche en se réfugiant dans l'anonymat.

Ce concept (totalement utopique) permettrait de mesurer le degré de citoyenneté et d'appréhender la sincérité de ces derniers. L''anonymat étant une caractéristique des minocrates.

2. Effets de seuil

En sciences, et notamment en économie l'effet de seuil désigne l'apparition d'un changement brutale de phénomène à partir d'une valeur donnée d'une variable.

Dans notre système économique et social, l'effet de seuil est une frontière qui sépare, par les chiffres, les citoyens. Cette frontière les cloisonne, les trie d'une manière binaire dans le camp des «Ayants droit » ou des « N'ayants Pas droit »

Les effets de seuil sont présents dans de nombreux domaines de notre vie quotidienne. Nous ne ressentons pas les effets de ces changements brutaux si nous nous trouvons suffisamment éloignés de cette frontière. Par contre plus l'on se trouve près de celle-ci et plus nous en redoutons les effets. Le citoyen essaiera de basculer ou de rester en deçà de cette frontière en modifiant ou pas sa situation sociale, professionnelle.

Ce changement de comportement se fera pour quelques euros de différences.

Pour quelques euros d'écart, vous serez classé dans une case ou dans une autre

Et selon le cas.

- Vous pourrez, prétendre ou non à des aides, allocation, primes, subvention, prêt aidé,...

- Pour quelques euros d'écart, vous pourrez être classé dans la tranche supérieure d'imposition

- Dans votre logement, pour quelques M2 de surface de trop pour serez dans la tranche supérieure des impôts locaux.

Le législateur avait souhaité, par l'instauration de ces barèmes à seuil, instaurer une louable justice entre les citoyens, aussi bien pour les aides que pour les taxes. Ces barèmes à seuils devaient permettre d'atténuer les inégalités sociales. Il les avait instaurés à une époque où l'informatique n'existait pas dans l'administration. Les tableaux de barèmes étaient les seuls outils disponibles.

Ce qu'il n'avait pas prévu, c'est le cumul des aides qui génèrent par effet levier une amplification des écarts dans les traitement des citoyens par le cumul des aides et/ou taxes.

En effet l'obtention d'une aide détermine souvent les conditions pour en obtenir d'autres (et ainsi de suite).

Effet injuste du barème à seuil

Dès que vous êtes proches des limites, l'injustice apparaît d'autant plus évidente que le cumul des aides est possible.

De plus la perception que certains citoyens peuvent ressentir sur les conséquences des effets de seuils ne correspond pas toujours à la réalité des chiffres.

Qui n'a jamais entendu dire que le RSA, par exemple, permettait de vivre sans travailler. Sous-entendu que le montant de cette aide était fixe et non progressif.

La progressivité du calcul du RSA est pourtant réel et donc socialement juste (voir tableau ci-dessous). Mais cette progressivité n'est pas toujours perçue de cette manière.

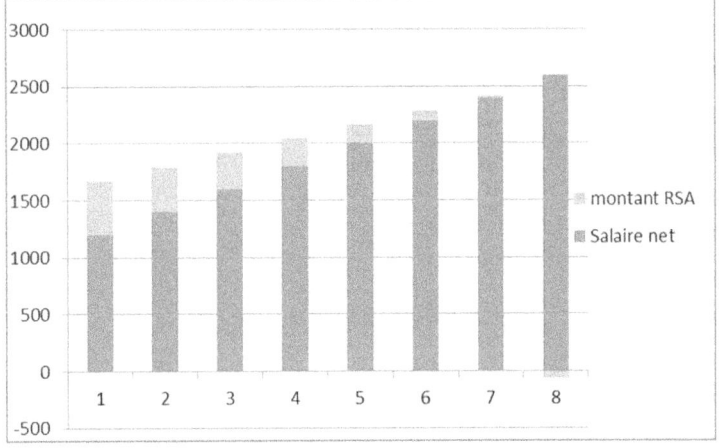

La perception psychologique de cette attribution engendre souvent un sentiment d'injustice chez les « non-ayants-droits »

Toutefois des avantages financiers (municipaux, régionaux, associatifs, etc.) sont dépendant du RSA et accroissent, réellement l'écart.

Au-delà des droits au versement de l'allocation et à un accompagnement personnalisé, ainsi que des droits à certaines aides, des droits complémentaires sont prévus dans des domaines variés (santé, besoins énergétiques, téléphonie, impôts, etc.), difficilement quantifiables.

Effet levier des cumuls

L'effet levier amplifie réellement l'écart entre citoyens. Pour quelques euros d'écart entre deux citoyens, l'un sera dans la case des « ayants droits » et l'autre dans la case des « n'ayant pas droit ».

Ressources mensuelles pour un couple avec deux enfants de moins de 14 ans		
	Avec le RSA socle	Avec un SMIC à 1 144 € mensuels nets
Salaire	0	1 144
RSA ou prime d'activité[1]	946	510
Aide Personnalisée au Logement (APL)[2]	486	364
Allocations Familiales (AF)	Comprises dans le RSA socle	129
Allocation de rentrée scolaire (ARS)	64	64
Prime de Noël	27	0
Impôt sur le revenu	0	0
Taxe d'habitation	0	0
REVENU MENSUEL DISPONIBLE	1 523	2 211
Seuil de pauvreté	2 100	2 100
CMU-C[3]	Oui	Oui
Tarifs sociaux gaz-électricité[4]	Oui	Oui
Aide au transport[5]	Oui	Oui

Dans l'exemple ci-dessus l'équité sociale est respectée jusqu'à la ligne « revenu mensuel disponible ». Après les trois autres postes ne sont pas chiffrés car tres difficile à estimer. Comme le citoyen ne sait evaluer lui-même le montant de l'aide, les personnes qui n'en beneficient pas se sentent laisées. A tord ou à raison peu importe, c'est le sentiment d'injustice qui s'installe.

Une exemple parmi d'autres :

Aide au remplacement d'un ancien diesel (personne non imposable)

Si vous n'avez pas été imposable pour l'année précédant l'acquisition de votre véhicule, vous pouvez bénéficier d'une aide pour l'achat d'un véhicule neuf (ou d'un véhicule d'occasion) moins polluant. Cette aide vous est versée si vous mettez à la casse un véhicule diesel de plus de 10 ans.

Ce qui est important de comprendre c'est que dans ces innombrables aides et donc dans les calculs d'attributions, personnes de peut apprehender les dérives positives ou négatives que l'interaction de ces aides peuvent générer comme injustice.

Injustice supplementaire :

Car le citoyen ne peut raisonnablement connaitre toutes les aides qu'il pourrait percevoir en tant qu'ayant droit
Selon l'ODENORE (Observatoire des non-recours aux droits et services) 6 millions de personnes se privent d'aide sociale et d'allocations pour cause de démarches compliquées, de manque d'information et de personnel.

Nos gourvernants connaissent-il toutes les dérives occasionnées par les cumuls de ces aides qu'ils ont créer.

Ces aides (voir liste non exhaustive ci-dessous) ayant leur propres règles d'attributions spécifiques outre la complexite des calculs, des justificatifs à produire, génèrent des écarts importants mais surtout non quantifiables car non visibles.

Exemples d'aides :

1. L'aide personnalisée au logement, dès lors qu'elle n'est pas versée en tiers payant
2. L'allocation de logement sociale, dès lors qu'elle n'est pas versée en tiers payant
3. L'allocation personnalisée d'autonomie, dès lors qu'elle n'est pas versée à un tiers
4. L'allocation de solidarité aux personnes âgées
5. L'allocation aux vieux travailleurs salariés
6. L'allocation aux vieux travailleurs non-salariés
7. L'allocation aux mères de famille
8. L'allocation spéciale vieillesse et sa majoration
9. L'allocation viagère dont peuvent bénéficier les rapatriés
10. L'allocation de vieillesse agricole
11. L'allocation supplémentaire de vieillesse
12. L'allocation supplémentaire d'invalidité
13. L'allocation aux adultes handicapés, le complément de ressources et la majoration pour la vie autonome

14. L'allocation compensatrice pour tierce personne

15. La prestation de compensation du handicap servie aux adultes

16. Le revenu de solidarité active socle et la prime forfaitaire

17. Le revenu de solidarité active majoré socle et la prime forfaitaire

18. La prestation d'accueil du jeune enfant

19. Les allocations familiales

20. Le complément familial

21. L'allocation de logement, dès lors qu'elle n'est pas versée en tiers payant au bailleur

22. L'allocation d'éducation de l'enfant handicapé

23. L'allocation de soutien familial

24. L'allocation de rentrée scolaire

25. L'allocation journalière de présence parentale

26. La rente versée aux orphelins en cas d'accident du travail

27. L'allocation représentative de services ménagers

28. L'allocation différentielle

29. La prestation de compensation du handicap servie pour les enfants

Questions au lecteur :

Quelle(s) aide(s) dispense(nt) de payer la taxe d'habitation ?

Quelles sont les aides qui peuvent se cumuler ou s'exclure ?

Sans parler d'autres domaines comme l'énergie ou les aides dépendent la encore de règles spécifiques d'attribution

- Le Crédit d'impôt 2016
- La Prime énergie
- Le Pacte Energie Solidarité
- L'éco-prêt à taux zéro
- Les aides de l'Anahi
- Les aides et subventions locales
- Le chèque énergie
- L'aide de la Caisse de Retraite
- Le prêt de la Caf
- La TVA à 5.5%
- Le Compte Epargne CO_2

Mais encore :

- Avec le droit au RSA vous auriez aussi doit à la prime à la cuve de 200€ (existe-t-elle encore ? non) car en plus certaines aides disparaissent, réapparaissent au fil du temps en changeant de nom. (Voiture propre)

-La prime de Noël est également attribuée à ceux qui ont le RSA.

-Les retraités non imposables, par exemple, sont exonérés de redevance télé ou de taxe d'habitation.

-Les actifs, eux, peuvent obtenir des rabais sur les tarifs de cantine ou de colonie de vacances, activité sportive.

Que d'écart pour les quelques euros de différence à d'origine !!!

L'administration française, les organismes qu'ils soient sociaux ou pas, utilisent beaucoup ces barèmes à seuils pour déterminer les ayants droits ou les assujettis (impôts, allocations gouvernementales, aides régionales, assistance municipales, dons d'associations, subvention diverses, aide alimentaire, calcul du montant des contraventions pour excès de vitesse, …).

Le cumul s'applique totalement, partiellement ou pas. Les résultats issus de ces barèmes peuvent se chevaucher partiellement ou totalement. Il est très difficile d'en appréhender l'ampleur tant les combinaisons de ces cumuls sont possibles. L'inégalité en est d'autant plus importante qu'il n'est pas possible de la réduire pour une raison bien simple : elle n'est pas pleinement mesurable puisqu'elle n'est pas détectable.

Toutes ces évolutions, dans ces barèmes, se font par paliers, par tranches et au mieux de manière progressive. Il n'y a aucune réelle progressivité continue lors de cumul. Ces méthodes de calculs à seuils ne sont ni justes ni équitables lorsque l'effet de levier intervient.
L'effet levier génère des disparités de traitements probablement énormes entre ceux qui en bénéficient et les autres, avec pour conséquence des résultats très éloignés de l'équité sociale qu'elles étaient sensées procurer.

Ces états expliquent les commentaires que l'on entend à longueur de temps sur les radios et medias d'informations.

- La classe moyenne est surtaxée et n'a pas d'aides particulières
- Ce sont toujours les mêmes qui sont ponctionnés
- Deux foyers fiscaux s'expatrient tous les jours à l'étranger
- Pourquoi chercher du travail, si on a un revenu global (*) plus important en restant au deçà de certains seuils que de travailler.
((*) Le revenu global est composé des aides, allocations, prime, subvention, exonérations, revenus, etc. qu'une famille peut obtenir).

L'objectif de ses barèmes était de promouvoir l'équité en essayant de rendre « un peu » progressif les barèmes. Les riches payant proportionnellement plus que les moins riches. Les personnes en grandes difficultés étant plus aidées que les personnes en difficultés.

Les aides et subventions sont très variées. Sont-elles recensées et centralisées? L'Etat connaît-il toutes les aides locales des associations en faveurs des plus démunis. Qui peut affirmer que ces aides en nature ne font pas l'objet de trafic et qu'ils ne sont pas revendus, gaspillés ?

Qui vérifie, contrôle globalement tous ces aides, comme l'attribution à tarif réduit ou même gratuit des titres de transport, tickets de piscine, prêt gratuits, primes d'EDF, les dispenses, les exonérations diverses du bénéficiaire.

D 'autant que les mairies, les régions en octroient en fonction de leur budget qui se cumulent à celles de l'état créant une disparité plus importante selon le lieu de l'habitation du citoyen.

Vérifie-t-on les économies des locataires hébergés par une association d'intermédiation locative qui prend la relève des loyers lorsqu'ils ne sont pas totalement payés.
Ces aides de toutes natures, de toute valeur, de toute forme, cette prolifération de niches fiscales génèrent une jungle inextricable de configurations. Selon ces cloisonnements vous pourrez, prétendre à des droits financiers supplémentaires ou des suppressions d'avantages qui se cumuleront si vous connaissez bien les arcanes de l'administration pour les obtenir ou vous en affranchir.

Exemple : pourquoi celui qui gagne 5962€ n'est-il pas imposable sur les revenus, alors que celui qui a un revenu imposable de quelques euros de plus le devient. Certes il sera dispensé de payer l'impôt car trop faible, mais il ne fera pas partie de la catégorie des non imposables et perdra alors le droit de bénéficier de différentes prestations qui exigent que vous ne soyez pas imposable.

Ce qui une fois, le total fait, creusera de manière probablement très significative l'écart entre deux situations quasi identiques à l'origine.

Injustice du à l'effet de seuil est patent. La suppression de l'effet de seuil est pourtant possible en gardant la réelle progressivité des calculs. Avant l'arrivée des outils informatiques, l'établissement de barème par tranche était la seule solution de rendre « progressif par palier » les calculs des impôts, des prestations sociales, etc.

Avec les outils numériques d'aujourd'hui, la suppression de ces ruptures brutales de progressivité est pourtant facile et aisée.

Instaurer une progressivité réelle

La vraie progressivité est possible, sans les effets injustes des effets de seuils. Elle est même aisée en utilisant, par exemple, la courbe à pole de Monsieur Béziers, célèbre ingénieur de chez Renault qui inventa une technique pour rendre facilement progressive la modélisation numérique des courbes des carrosseries de voitures.

Cette courbe se déformera et enflera (ou pas) selon les désires du politicien, mais toujours de manière lissée. Elle se manipule comme une marionnette à fils.

Illustration :

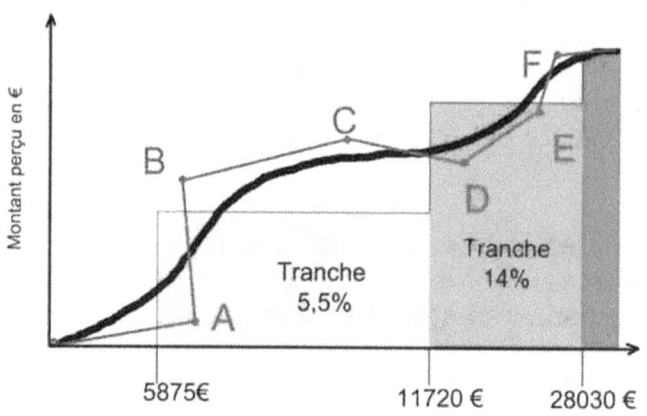

Ces courbes polynomiales ont la particularité d'être simple à programmer, (exemple y= $5x^3+6x^2+8x$) d'être manipulable facilement. D'être aisé à comprendre (niveau scolaire de la terminale).

De plus elle est particulièrement aisée à consulter, interpréter, utiliser par tout un chacun sur un site web du gouvernement par exemple et sur votre smartphone.

Cette réelle progressivité appliqué dans tous les calculs réalisés par l'administration aura pour conséquence immédiate de supprimer les effets de seuils, et rendra obsolète l'intérêt d'être juste au deçà d'un seuil.

Cette progressivité permettra d'éviter que certain pense à tour ou à raison que le revenu global (*) de certain est plus important en restant au chômage plutôt que de travailler.

(*)(Le revenu global est le total de toutes les aides possibles et toutes les déductions fiscales (« aides » + « économie de dépenses »+ revenus conventionnels))

Les effets de seuils sont une criante injustice qui explique certaines fraudes pour rester en déca de certains seuils. Ci-dessous quelques exemples de ces effets de seuil, avec la plus connue : « les tranches d'imposition».

Tranches d'imposition

Les tranches d'imposition sont connues de tous. Pour quelques euros de différence vous n'êtes plus dans la même tranche marginale d'imposition.

Exemple de quelques chiffres pour l'imposition par la méthode des tranches marginales d'imposition

- Jusqu'à 9700 € : 0 %

- de 9700 € à 26 791 € : 14 % (sur ce delta)

- de 26 791 € à 71 826 € : 30 % (sur ce delta)

- de 71 826 € à 152 108 € : 41 % (sur ce delta)

- au-delà de 152 108 € : 45 %

Par exemple, pour un montant de 71827€ soit un euro de plus que la tranche précédente vous paierez sur cet euro (41%-30%) 11% de plus, soit un très légère hausse de 0.11€
Le résultat financier du changement de tranche pour un euro de trop est quasiment nul
Par contre l'effet psychologique est, lui, énorme et désastreux.

« Je vais pas travailler plus pour me faire racketter par l'état en changeant de tranche».

L'illustration de l'effet levier concerne aussi :
- Prime de Noël
- Complément familial
- Rsa Jeunes
- ANAH Rmi ou Revenu Minimum d'Insertion
- Rsa revenu de la Solidarité Active
- Cmu : Couverture Maladie Universelle
- Aides aux Vacances
Etc …

Le propos n'est pas de critiquer l'intérêt de ces aides, il est de montrer que ceux qui sont juste au dessus des seuils d'attribution, n'en bénéficient pas.

Par les quelques exemples cités ci dessus, même si les chiffres ne sont pas à jour, même si la liste des aides n'est pas exhaustive, même si quelques erreurs y figurent, ils montrent la disparité des critères d'attribution des aides. Il montre également l'effet cumulatif, si une ou plusieurs conditions initiales sont remplies.

L'injustice est insupportable pour ceux qui comprennent le mécanisme d'attribution des aides et qui se savent juste au-dessus des conditions d'attribution. Elle est aussi insupportable pour ceux qui ne savent pas et qui pensent par conséquent que ce sont toujours les mêmes qui en profitent.

L'injustice est aussi ressentie par beaucoup de citoyens qui se considèrent de la classe moyenne française.

Cette classe qui dit trop gagner pour avoir droit aux aides et pas assez pour vivre correctement. Celle qui ne peut prétendre à des logements sociaux car au dessus des seuils d'attributions et ne peut trouver de location parce que leur revenu est insuffisant.

La suppression des effets de seuils par un lissage paramétrable n'est pas suffisant, il doit être absolument compléter par un autre dispositif décrit ci-après qui apportera la cohérence et l'intérêt de ces propositions :

Le compte social

3. Compte social

Dans le paragraphe précédent, nous avons vu que l'effet de seuil apparaît dans nombre de calcul réalisé par l'administration et services assimilés.

Le cumul des prestations génère, creuse l'écart entre les ayants droits et ceux qui sont juste au dessus des seuils. L'effet levier est d'autant plus important que ces prestations peuvent se cumuler et quelles sont nombreuses.

Ce maquis inextricable de prestations est ressenti comme insupportable

Outre la suppression des effets de seuil il faut en plus instaurer le compte social

Le compte social permet d'être une étape vers :
- L'équité sociale
- La justice fiscale
- Et pourquoi pas vers une forme embryonnaire de revenu universel

Remettre l'équité au cœur de notre société

Un ami médecin me racontait qu'il avait éconduit un patient en dehors de son cabinet, lorsque ce dernier bénéficiant de la CMU souhaitait une attestation d'aptitude pour faire un sport.... de la plongée sous-marine. Qu'elle ne fut pas sa surprise, également lorsqu'il vit son patient repartir en voiture de sport.

A l'autre bout, qui n'a vu ses femmes sans âges, courbées par les ans, fouillez les poubelles à la recherche de quelques denrées alimentaires. Femmes qui vivent dans des logements quasi insalubres sans confort et sans chauffage ou si peu. Et souvent ignorées de tous. Car ne connaissant pas leurs droits ou par ignorance ne savent pas les demander alors que d'autres les connaissent et savent les cumuler pour ne pas dire les accumuler.

Effet généré

Presque tous les mouvements financiers en France sont connus, recenser. Pour le particulier la déclaration d'impôts est la meilleure illustration. Pour l'entreprise il en est de même.

Par contre pour toutes les aides sociales tant en terme financier que d'aide matériel aucunes ne font l'objet d'un bilan consolidé annuel.

L'Etat ne peut faire la différence entre le Rmiste amateur de plongée sous marine et la mamy visiteuse de poubelle.

La justice voudrait que les aides octroyées à l'un, se réduisent. Et que pour les autres, elles s'accroissent. Cela sans recréer une nouvelle injustice en instaurant un nouveau système à effet de seuil pour annuler ce déphasage.

Proposition

Les revenus d'un citoyen sont composés de salaires, de dividendes, de rentes, fermages, loyers, pensions, etc. Une fois par an, le citoyen fait pour tous ces revenus une déclaration fiscale récapitulative.

Sur la base de cette déclaration, les services fiscaux, à partir de barème, à effet de seuil (encore !!), détermine le montant des impôts.

Appliquons le même principe aux aides et autres prestations sociales. En effet pourquoi doit-t-on faire une déclaration des revenus et ne pas faire de déclaration des aides perçues. Ces deux déclarations (la positive et la négative) éviteraient la préférence que l'on pourrait avoir à trouver des aides plutôt que du travail.

La création d'un compte social est la solution. Le support de gestion de ce compte sera la « carte vitale » bien connue. Le principe simple consiste à mémoriser sur ce compte toutes les prestations (financière ou non) reçu par l'ayant droit.

Dès qu'un organisme souhaite allouée un montant financier, une exonération financière, une aide en nature. Le montant, ou le « montant équivalent » pour les aides en nature, est indiqué sur le compte de la carte vitale du bénéficiaire.

L'évaluation financière de l'aide en nature est estimée en fonction de l'équivalent financier nécessaire à son achat ou selon une règle d'évaluation à définir par nos élus (coût d'achat, etc.).

Cette carte vitale, outre les services offerts déjà connus, permettra donc d'y inscrire.
- toutes les prestations de sécurité social au fur et à mesure des versements comme actuellement.
- les dons en nature (repas du resto du cœur, colis social,…) seraient tarifés et inscrits sur ce compte social. (On pourrait ainsi répondre au détracteur des restos du cœur en justifiant que la même personne n'est pas être inscrite à plusieurs Centre de Resto du Cœurs) (Et si !!)
- les aides en énergie (EDF, GDF, fuel, bois) seraient inscrits sur ce compte social
- les aides municipales, régionale, nationales également (Tickets de transport, Ticket de piscines….)

-CMU (on comptabilise le montant correspondant à la valeur du ticket modérateur)

- les revenus indirectes du WEB

Les aides municipales, départementales, régionales, d'état peuvent ainsi continuer à être octroyées sans rien remettre en cause. Elles s'auto réguleront avec le temps.

Et donc comme tous les contribuables français, faire une déclaration (automatique par l'état) de ces revenus sociaux une fois par an.

Avantage

Cette déclaration automatique permettra :
- De mieux gérer les aides par une connaissance plus fine de leurs utilisations.
- De diminuer la fraude.
- De limiter les excès et les gâchis (Il faut allez visiter certains marchés de la banlieue parisienne, pour voir la revente de produits distribués gratuitement)
- De rendre plus équitable les aides.

Et ainsi d'accroître ou de diminuer les aides en les justifiant sur une base valide, connue et incontestable.

Elle permettra de mieux affiner les aides pour en octroyer plus, aux plus démunis.

Le « compte social » résout l'ensemble des incohérences, des aberrations de l'attribution cumulatives de ces aides.

Le « Compte social » rétabli la justice et l'équité. Le Compte social ne remets pas en cause toutes les mesures d'aides et d'assistance existantes, ni les règles d'attributions. Il permet de visualiser, d'analyser un domaine aujourd'hui encore trop obscur. Nos politiciens sauront alors prendre les mesures d'équité réelle qui s'imposent.

Mise en œuvre

Le lecteur de carte vitale est un outil existant parfaitement adapté à cette nouvelle mission. Toutes aides ne pourront être légalement octroyées que si elles figurent sur la carte de l'ayant droit.

La déclaration annuelle sera du ressort des services sociaux une fois par an pour la déclaration sociale des ayants droits.

La suppression des effets de seuils et la création du compte social pourraient rétablir une équité basée sur le bons sens et le pragmatisme.

Les dérives et aberrations sociales pourront être corrigées,

Conséquence de nouveaux seuils (relatif et absolue) de pauvreté seront à recalculer en fonction des informations collectées pour refléter plus exactement état de la société.

Ce principe applicable au compte social pourrait l'être également sur la fiscalité.

Les taxes, les impôts, etc. pourraient être gérés de la même manière que le « compte social/ lissage des effets de seuils ».

Ce principe permet de lisser les niches fiscales (exonération fiscale, report, subvention fiscale, etc.) de simplifier considérablement le calcul des charges des entreprises.

4. Délinquance

La délinquance est un problème important et croissant. On aboutit dans certain quartier de nos villes à des zones de non droit. Des bandes organisées opèrent, dans ces quartiers, en rendant très difficiles les interventions policières. Ces bandes vivent de divers trafics et font vivre une économie souterraine.

Apres plusieurs années d'existences, ces organisations sont maintenant rodées et structurées. Leur éradication devient de plus en plus difficile.
Les très jeunes sont utilisés comme guetteurs, les moins jeunes comme rabatteurs. Les femmes seules deviennent des nourrices de drogue.

Faut-il augmenter les effectifs de police. La réponse n'est pas si simple. En effet quand un délinquant est arrete 5, 10 fois, c'est que la police a bien fait son travail 5, 10 fois.
Mais le délinquant est rapidement remis dans le milieu dans lequel il évolue, où il a ces habitudes, ces relations, sa bande.
Si les effectifs de police étaient 2, 3, 4 fois plus nombreux, le même délinquant serait plus souvent arrêté (30, 40 fois)) mais jugé autant de fois et relâché dans ces mêmes proportions.

Le problème ne se résoudra pas pour autant, et la police continuera à perdre de son autorité dans ces milieux.

D'autant qu'un jeune pour être intégré à une bande doit passer son rite d'intégration en provocant la police (vol, incendie de voiture, etc. ...) et en passant quelques jours en prison pour qu'à la fin, il soit reconnu par les membres de son groupe.

La police ne fait que faire passer ces rites initiatiques.

Effet généré

Cet état génère un mécanisme qui s'auto alimente, s'auto génère. Il se développe dans un terreau fertile car en vase clos, sans jamais que le délinquant est une autre alternative que de retomber dans ce système sans fin.

Proposition

Mettre ces délinquants en prison n'est pas la solution tant leur nombre est important. Cette importance oblige, aujourd'hui à réduire les peines, à sanctionner avec du sursis. De plus la cohabitation en prison des «délinquants confirmés» et de jeunes, favorise l'apprentissage à la grande délinquance et favorise les réseaux mafieux.

Et surtout on oublie les victimes et leur peur, puisque elles vont revivre rapidement à coté de leurs agresseurs, voleurs, violeurs dès la sortie trop rapide de prison.

Il en découle une perte de confiance dans le rôle protecteur de la justice. La peur s'installe alors et la soumission aux contraintes mafieuses et règles locales s'amplifient.

Je propose d'éloigner pendant un temps qui dépendra des règles du caryopse , le délinquant.
Le temps de sa peine, il ira dans un pays étranger ou la langue utilisée localement ne sera pas comprise par les délinquants. Cette barrière de la langue sera la prison la plus sûre.

Il participera en travaillant au reboisement dans le cadre de la «Grande Muraille Verte» et participera ainsi à un ouvrage bénéfique pour la planète. (ou autre projet écologique)

> Le désert ronge les terres fertiles au Sahel depuis des décennies. Pour enrayer son avancée, onze pays africains s'unissent pour édifier une «Grande Muraille Verte ». Initié en 2005, ce vaste projet vise à reboiser une bande de 15 km de large sur 7000 km de long, de Dakar à Djibouti.

L'Agence Panafricaine de la Grande Muraille Verte est une organisation interétatique à statut juridique international regroupant onze Etats membres : **Burkina Faso, Djibouti, Erythrée, Ethiopie, Mali, Mauritanie, Niger, Nigeria, Sénégal, Soudan et Tchad.** Elle a pour objectif, la réalisation de la Grande Muraille Verte. Elle est relayée dans chaque Etat membre par une structure nationale GMV

Malheureusement les moyens, principalement de la main d'œuvre manque. La France et pourquoi pas d'autres pays européens pourraient participer à cette œuvre bénéfique pour la planète.
Dans nos prisons, un prisonnier français coute 100 euros par jour (chiffre 2013). Autant dépenser ce montant dans un objectif d'intérêt collectif.

De plus, Il pourra suivre des formations en Web Education (voir chapitre correspondant) pour suivre des cours (lecture, écriture) avec des smartphones de récupération sans carte SIM mais Wifi.

En fonction de son assiduité et du résultat à ces cours (voir chapitre enseignement à distance), il pourra raccourcir sa peine, choisir le pays d'intervention.

Mais attention en cas de récidive la règle du « Caryopse» s'appliquera et l'exclura de plus en plus longtemps de son milieu.

C'est le délinquant lui-même qui gère la longueur de sa peine.

Pour le plus grand bien de ces victimes et de la police qui pourra se consacrer à d'autres délinquants.

Avantage

Les victimes seront mieux protégées par cet éloignement,

La police sera plus efficace, elle pourra voir la progression de son travail.

Le délinquant absent et réellement isolé de son milieu ne retrouvera pas aisément sa place « de caïd » au sein de sa bande. Car absent trop longtemps et sans lien téléphonique
Il comprendra rapidement que sa peine double à chaque nouvelle faute (règle du Caryopse) et donc son éloignement augmentera et s'isolera davantage de son groupe.

Découvrir les conditions de vie de ces pays, travailler à combattre le désert sera également une période propice à sa réflexion sur sa situation et son parcours.

Les femmes au cœur de la cité

Dans les quartiers sensibles, les immeubles devraient être gérés uniquement par les femmes dans des collectifs adaptées.

La responsable du collectif, véritable **matriarche** de l'immeuble se verrait attribuée des pouvoirs particuliers avec des responsabilités spécifiques pour gérer son immeuble et ces occupants

Elle sera Interlocutrice des services de l'état (sociaux, et autres), conseillère auprès des familles de l'immeuble.
Le législateur précisera la liste de ses prérogatives.

Conséquences : Certaines femmes isolées le seront moins. L'entraide sera favorisée.

Une réponse collective structurée sera plus puissante face aux difficultés quotidiennes.

Ces femmes sont mères et grand-mères des jeunes du quartier et gardent une certaine autorité sur eux.

5. Tutorat

Combien de gens protestent contre ce qu'ils pensent être à tort ou à raison de la répression policière ou assimilée et se disent prêts, par réaction à :
- excuser les actes violents sous prétextes que c'est une forme d'expression
- s'opposer à une condamnation de la justice sous prétexte que les antécédents de la personne peuvent excuser les faits délictueux
- à tolérer les incivilités (excès de vitesse, manque de civisme, agression verbale…)
- s'opposer au renvoi de délinquants étrangers dans leurs pays
- tolérer ceux qui brûlent des voitures par réaction à un événement

Qu'ils soient violents ou pas, faits par des mineurs ou des majeurs, les actes délictueux, les actes d'incivisme ne doivent pas être ignorés et surtout de doivent pas être laissés sans réponses pénales graduées. La prison n'est évidemment pas la solution à tous les actes.

Les contestataires, extérieurs au sujet jugé, qui protestent contre une décision de justice ne devraient pourvoir le faire que s'ils deviennent le tuteur de l'auteur des méfaits. Ils devraient assumer la responsabilité de leur opinion en devenant tuteur du délinquant en association, pourquoi pas, avec d'autres tuteurs dans un collectif « de tuteurs », le délinquant pourra ainsi éviter la prison. Les tuteurs veilleront à la bonne conduite de leur filleul et toutes nouvelles infractions étant alors de la coresponsabilité directe du ou des tuteurs concernés et du filleul.

Ceux qui excusent, justifient, pardonnent ces actes doivent assumer l'engagement de leurs paroles en devenant tuteur du délinquant. En devenant tuteur simple ou « tuteurs collectifs » de celui qui a fauté.

Qu'ils deviennent, alors, tuteurs en co-assumant les conséquences pénales et financières des actes délictueux reprochés. Ils participent également au dédommagement des victimes, au coût de la réinsertion, des réparations des dégâts occasionnés etc.

Et cela au nom des victimes trop souvent oubliées et des biens collectifs dégradés.

6. Education nationale

La formation de nos jeunes est un sujet très complexe. Les reformes se succèdent les unes après les autres pour changer et essayer d'améliorer la performance du système éducatif.
Toutefois il semblerait que le niveau scolaire soit plus faible aujourd'hui qu'hier. La valeur des diplômes semble se réduire d'année en année.
De plus, je pense plutôt que nos responsables des ressources humaines de nos entreprises préfèrent les surdiplômés dans leur recrutement en négociant à la baisse les renumérotations.

Dans ces conditions vouloir, pour une classe d'âge, obtenir des réussites au bac, par exemple, de plus de 80% est certes flatteur pour nos ministres successifs mais ne semble plus correspondre à la réalité des connaissances requises.

Effet généré

Les enseignants sont démotivés, se sentent abandonnés dans cette tache noble, mais de plus en plus difficile qui consiste à transmettre un savoir, certes académique.
Ils réclament davantage de moyens humains pour assumer leur mission, car ils se sentent de plus en plus seuls devant ces jeunes. De plus les parents se désengagent de l'enseignement de leur enfant, pour de multiples raisons :

- Les familles monoparentales sont plus nombreuses aujourd'hui qu'il y a 20 ans, et le temps disponibles à consacrer à leur enfant se réduit drastiquement
- L'activité professionnelle se dégrade, le stress augmente et les parents ne peuvent faire face à toutes les contraintes qu'ils subissent et se déchargent sur l'enseignant
- Le corps enseignant a perdu son aura. Il n'est plus le notable que l'on respectait. Les parents n'hésitent plus à remettre en cause l'autorité des enseignants pour croient-il défendre leur chérubin.

Jadis un enfant ayant eu une remontrance de son instituteur, se faisait également tancer en rentrant à la maison, aujourd'hui il n'est plus rare de voir les parents contester l'autorité des enseignants pour des motifs parfois futiles.

Proposition : Web Assistance

La « Web Assistance » n'est pas de la formation réalisée avec l'outil informatique, communément appelé E-learning.
La WEB assistance est un ensemble d'outils (logiciel, donnée) mis à la disposition de l'enseignant, de l'élève, des parents sous le contrôle et le pilotage de l'enseignant.

La « Web Assistance » doit soulager sensiblement, les enseignants des taches non éducatives afin qu'ils puissent se consacrer plus longuement à leurs fonctions pédagogiques. Des exercices à réaliser (éventuellement !!), à la maison, et /ou à l'école peuvent l'être réalisés de manière totalement autonome par l'élève.

La « Web Assistance » doit permettre de valider, estimer, mesurer l'évolution des acquis des élèves selon des critères non réfutables.
La « Web Assistance » doit apporter des supports modulaires pédagogiques nécessaires au travail pédagogique de l'enseignant Et l'aider dans sa réalisation de cours
La « Web Assistance » doit permettre aux parents, qui le peuvent, d'aider, de suivre le travail de leurs enfants.
La « Web Assistance » doit servir l'enfant directement dans l'apprentissage des connaissances et de s'auto évaluer.
La « Web Assistance» doit enfin permettre d'avoir une évaluation, sans conteste des connaissances acquises et d'apporter les rectifications nécessaires à la bonne formation de nos jeunes.

Fonctionnement

La Web assistance est un ensemble de données, de programmes, accessible sur le web et gérer par les équipes du ministère de l'éducation nationale.

Ces données, ses outils pédagogiques, sont accessibles à tous les acteurs de la formation, par catégorie selon leurs statuts (enseignant, parents, éducateur, élèves)

Exemple : les dictées
- Les enseignants pourront choisir des textes à dicter à leurs élèves. Ces textes étant classés par niveaux, par degré de complexité, par point grammaticale à travailler, par date (dictée de 1910 ; 1912, etc...)
- Les élèves pourront chez eux, s'entraîner avec d'autres textes (différents et aussi plus simples et/ou plus complexes), chez eux en écoutant sur leur ordinateur, des lectures de dictée qu'ils pourront écriture directement sur le site web pour avoir la note et les corrections automatiques et ainsi la note, les parents pouvant veiller simplement, s'ils le veulent, à la régularité de l'exercice.
- Les parents pour leur formation personnelle pourront également utiliser les mêmes outils pour faire de la formation permanente (une émulation parents/enfant et enfants/parents peut ainsi naître avec les effets bénéfiques que l'on peut imaginer)

Les compléments de contrôle réalisés dans l'enceinte de l'école mettront en évidences les fraudes. Fraudes inévitables (et nombreuses au début de la mise en place de l'outil). Le processus s'autorégulera naturellement.

Ces données forment une bibliothèque de support de cours composé de modules pour que les professeurs puissent faire le cours adapté à leur profil en rapport direct avec le programme
Une bibliothèque d'outils de suivi et de contrôle par public mis à disposition également
- pour les parents des contrôles de connaissance pour leurs enfants, composer de programmes ludiques disponibles sur le WEB
- pour les élèves pour les aider dans leur devoir à la maison
- pour les professeurs pour les aider dans la mise en place de leur contrôle continue.

Ces outils pédagogiques permettent de suivre le niveau des écoles et également les progressions individuelles de l'élève.

Toutes les matières peuvent être traitées également sur ce même schéma
- les mathématiques,
- l'histoire/ géographies
- les langues
- etc.

Cet outil doit décharger les enseignants des taches non nobles, pour qu'ils puissent se consacrer pleinement à leur fonction essentielle qui est la transmission, l'explication du savoir, l'éveil le développement du sens critique, de l'analyse.

A la rentrée scolaire, l'enseignant pourra ainsi se rendre compte du niveau de la classe qu'il va prendre en charge. Il pourra adapter ses cours. L'important en fin d'année scolaire est qu'il y est une progression des savoirs académiques. Tous les acteurs de la formation (enseignant, parents, académie,..) pourront être acteurs. Les parents ayant un rôle d'assistance pédagogique seront donc directement impliqués dans l'éducation des enfants.

Avantage

Les interprétations subjectives des chiffres pour évaluer le niveau général des élèves français seront éliminées
Une meilleure optimisation des ressources humaines utilisées pour l'enseignement sera naturellement possible
L'implication des parents devenant co-responsable de l'éducation diminuera les conflits parent/enseignant
Egalement il sera possible de comparer les connaissances acquises depuis 40 ans.

Apprentissage des langues

Une remarque supplémentaire pour l'apprentissage des langues

La méthode de la Web Assistance peut également s'inscrire dans la même démarche. Mais la clef de la réussite dans l'apprentissage des langues est la motivation des élèves à vouloir apprendre une langue étrangère.

Aussi une méthode plus efficace serait d'utiliser la méthode employée dans certains pays européens Cette méthode est simple.

Nos enfants veulent être toujours être à la mode et connaître avant les autres les feuilletons qui passent sur nos chaînes de télévision.

Il suffit de proposer l'émission dont raffolent nos enfants dans la langue d'origine, bien souvent anglaise. Une version française étant évidemment proposée malgré tout avec un décalage de quelques semaines.

Pour ne pas être considéré comme « Has been », les jeunes se forceront à regarder les émissions en langues d'origine et n'attendrons pas la diffusion la version française.

Comme cela se passe dans les pays de l'Europe du Nord et de l'Europe l'Est où les feuilletons américains ne sont pas doublés. Ce qui peut surement expliquer leur connaissance de la langue anglaise.

Cette méthode ne sera pleinement efficace que si elle concerne nos enfants dès le plus jeune âge (dessin animés par exemple jusqu'aux feuilletons pour ados).

7. L'industrie

Les grandes entreprises sont de moins en moins gérées par des hommes qui connaissent les bases du métier de l'entreprise, mais par des gestionnaires, des financiers qui raisonnent en objectifs à cours terme et éventuellement moyen terme. Ce ne sont plus des industriels techniciens que l'ont appelait des capitaines d'industrie, mais des gestionnaires financiers.

Gestionnaires qui accordent trop d'importance à la production «financière» par rapport la production «technique».

Pour gérer au mieux, ils doivent s'entourer d'une cohorte de conseiller technique, financier, équipe de direction, de marketing etc. Et toutes ces compétences « non productives » se retrouvent à toutes les strates de l'entreprise de la direction à l'atelier en passant par tous les niveaux intermédiaires. Ces niveaux hiérarchiques sont de plus nombreux et occasionnent des couts supplémentaires. Apparaît alors une maladie insidieuse qui dévore les ressources humaines et qui s'autoalimente: La réunionite.

Plus l'entreprise est importante en taille, plus les marges se réduisent en absolu car les frais fixes croissent proportionnellement à leur taille, plus vite que pour une PME. Les frais de communication, les frais de représentation, les frais d'encadrement, de gestion interne sont d'autant plus important que la taille de l'entreprise est importante. Pour garder leur marge, ces grandes entreprises doivent faire des économies.

Les postes où les économies leur semblent les plus faciles à faire, sont les postes de productions (surtout pas les leurs). Délocaliser ces fonctions, pour avoir une masse salariale plus faible permet facilement de calculer l'économie. Les résultats à courts terme sont évidents. Mais à moyen et long termes !!!!

L'abandon de production sur le territoire français est donc obligatoire pour trouver à l'étranger des coûts de production plus faibles, pour garder malgré toute une marge acceptable pour les actionnaires.

Combien de produits « français » que nous achetons viennent en grande partie de l'étranger.

Quand les marges ne sont plus suffisantes pour faire vivre une entreprise, ne serait il pas possible de morceler cette dernière en plusieurs entités plus souple et plus petites, pour quelles soient allégées des frais de structure plutôt que de la fermer.

Ces petites entreprises peuvent produire avec des marges faibles et rester viables puisque les frais de structures sont minimiser et les salariés pluridisciplinaires.

8. Evolution professionnelle

Nombreux sont les salariés d'entreprises privées ou publiques, qui ne trouvent plus dans leur travail la reconnaissance qu'ils sont en droit d'attendre. Et ce n'est pas en rebaptisant les fonctions que les hôtesses de caisse dans les hypermarchés se sentiront plus reconnus ou que les techniciens de surface se sentiront mieux.

Les postes sont dévalorisés, déclassifiés, l'évolution professionnelle n'est plus perceptible.

Les jeunes sortants du milieu scolaire ne peuvent plus s'intégrer facilement dans le milieu professionnel tant l'image que leur donne le milieu scolaire et éducatif est différent de la réalité.

Histoire

En 1974, un jeune diplômé d'un bac technique, entrait dans un bureau d'étude d'une société industriel
Son avenir professionnel était clair il avait des échelons à gravir de « calqueur »,il pouvait passer « Etude 1 » , « Etude 2 », puis « Projeteur 1 », « projeteur 2 » , puis « chef de groupe » et enfin « ingénieur maison »

Partant de très bas il pouvait par le travail avoir une évolution de carrière dépendant de ses efforts et avoir ainsi la reconnaissance à terme de son savoir acquis et de son expérience
Aujourd'hui c'est fini !

Dans la même entreprise aujourd'hui votre évolution de carrière n'existe plus (sauf si vous êtes ingénieur, et encore !!! Cela dépend de la renommée de l'école).

Il faut, aujourd'hui avoir un niveau de « Bac + 2 » minimum (pour faire un boulot identique à un BAC –2 (donc quasiment avec le même salaire)).
Soit quatre années d'étude inutile pour l'entreprise, mais tellement rassurant pour le Directeur des Ressources Humaines qui ne veut pas prendre de risque.

Dans des moyennes et grandes entreprises, jusque dans les années 1970, l'embauche se faisait par des patrons qui connaissait leur métier, et donc savaient estimer les capacités du futur embauché, ils raisonnaient à moyen et long terme. Le diplôme correspondait au besoin du poste de travail créer par le patron (CAP, BEP, Ingénieur).

Puis vint les financiers qui ne voyaient que par le flux tendu, le stock Zéro, etc.
Ils raisonnaient à court et moyen terme. Une armada de « têtes » bien payées changèrent donc les structures de production, d'achat...

Les DRH

.

Pour rétablir les marges, il fallut ensuite faire appel au DRH pour faire des économies de « viandes » avec des retours sur investissement sur un terme le plus court possible.

Donc ne connaissant pas les besoins réels des postes à pourvoir dans l'entreprise, ces derniers ont joué la sécurité en embauchant des « bac +2 » et « bac +4 » en les sous payant, car « Qui peut le plus, peu le moins. ».

Justifiant ainsi la raison d'être de leur poste de RH.

Les jeunes

Conséquence le jeune avec tous ses diplômes se sent vite floué, le travail ne correspondant pas à son niveau d'étude. Les perspectives de progression n'existant plus, son implication dans l'entreprise sera moindre.

Pour avoir, comme formateur en entreprise, formées des milliers de personnes dans des centaines de société depuis 1978 jusqu'à 2007, j'ai vu cette évolution dans de nombreuses branches de l'industrie.

Puisqu'il n'y a plus d'évolution de carrière progressive, l'apprentissage progressif n'existe plus, la transmission du savoir n'est plus possible.

Il faut demander aux « anciens » responsables de bureau d'études des entreprises industrielles ce qu'il pense de ces jeunes parachutés dans leurs sociétés.

Leur niveau de maîtrise, dans la conception de plan d'études, des « chaînes de cotes » par exemple est nul
Sans ce type de connaissance, impossible d'utiliser des machines de production standard. Mais des machines d'usinage de haute précision sont indispensable donc très chère (inutilement).

Par contre, l'utilisation de l'outil informatique et des logiciels de conception d'image de synthèse de pièce en 3D n'ont plus de secret pour eux.

Les anciens

A l'autre bout de la chaine, l'expérience des anciens se perd peu à peu.
Trop onéreux aux dires des mêmes DRH les anciens sont poussés, pas toujours avec tact, vers la sortie. Ces derniers partent donc avec leur savoir-faire acquis après des années de travail sans avoir envie de le transmettre.

Dans l'usine d'un grand constructeur automobile français, un jeune ingénieur d'une très grande école pris la direction d'une chaine de montage de voiture, en lieu et place d'un ancien salarié.

Dans un souci de productivité accrue, il passa sur une période biannuel de 4 arrêts à trois arrêts de maintenance. Soit un gain d'un arrêt de plusieurs jours de production. Félicité par sa direction il fut promu à un autre poste.

Devinez ce qui arriva quelques temps après à son remplaçant. La chaine de montage tomba en panne. Le remplaçant fut qualifié, de surcroit, d'incompétent.

L'expérience ne s'évalue pas facilement.

Proposition

L'entrée progressive sur plusieurs années de l'étudiant dans l'entreprise, sous forme de stage accompagné par un tuteur. Le tuteur partant progressivement à la retraite sur la même période. La constitution de tandem filleul(s) (étudiant(s)) et tuteur (futur retraité) permet une transmission des connaissances, une mise à la retraite progressive, un lissage des demandes et des besoins par une meilleure utilisation des ressources nouvelles et anciennes.

Condition :

Ce couple, ne peut réussir que si l'embauche est effectuée par le tuteur et non pas par le DRH. La valeur de la relation humaine dans un couple est fondamentale.

9. Retraite par répartition

La retraite par répartition est un système de financement des pensions de retraite qui consiste à prélever des cotisations sur la population active pour alimenter directement les pensions des retraites.

Le montant prélevé sur un salaire d'un actif, n'est pas suffisant pour consister le montant de la pension d'un retraité, il faut donc cumuler les cotisations de plusieurs actifs pour y parvenir.
Ce système présenté comme le plus juste, le plus social n'est pas, hélas le plus équitable entre les générations. Pour que ce système le soit, il faudrait que le taux de natalité soit nettement plus élevé qu'il ne l'est aujourd'hui. Ce qui n'est pas le cas.

Nos politiciens nous parlent souvent des retraites sans jamais être concret, il explique que le système de répartitions est le plus juste des systèmes et le plus équitable.
Ils expliquent que nous payons actuellement par nos cotisations de salariés, les retraités d'aujourd'hui.
Le principe en finance s'appelle de la cavalerie.
Rétribuer ces clients avec l'argent des autres clients tout en piochant dans la caisse.
L'américain Bernard Madoff en est le meilleur exemple.

Les politiciens expliquent que les retraites des futurs retraités seront financés par les futurs actifs (jeunes et moins jeunes) et se basant sur les même explications qu'il y a 20 ans est désolant. Combien d'actifs faut il pour financer les retraites d'aujourd'hui et surtout de demain.

Comment le système des retraites que nous connaissons peut il se maintenir. Il n'est pas tenable par le système de répartition, Pourquoi de pas le dire clairement.

Pour le comprendre, prenez une feuille de paie, la votre par exemple pour avoir une idée du problème posé :

Faite le total des prélèvements de retraite salarial et prélèvements de retraite patronal, des retraite de base et des complémentaires de votre feuille de paie.

Multiplier ce montant par le nombre de mois payé par an, puis ce résultat est à multiplier par 41 ans. Vous trouverez un montant qui correspondant a ce qu'aura cotisé (en euros constant) un salarié ayant travaillé 41 ans sans discontinuité.
Ce montant vous le diviser par le retraite que vous pensez percevoir et vous saurez pendant combien de mois vous pouvez touchez votre retraite sans demande de l'aide à la génération suivante.
A la lecture du résultat, tout est dit. Le système n'est pas viable.

Cela fait penser à une petite devinette :

Quelle est la différence entre la gauche et la droite, ou plus précisément entre le capitalisme et le socialisme.

La réponse : Aucune, car
Le capitaliste utilise le travail des travailleurs, des ouvriers pour satisfaire ses besoins
Le socialiste utilise le travail des générations suivantes pour satisfaire ses besoins
Dans les deux cas, on compte sur le travail des autres, pour mieux vivre.

Comment résoudre cette quadrature du cercle ? L'âge du départ en retraite doit être laissé suffisamment souple pour qu'elle puisse s'adapter à la situation de chacun. Plus la durée du travail sera longue et plus le montant de la retraite sera élevé avec un calcul sans effet de seuil
.
N'imposons pas de date de départ à la retraite, (encore un effet de seuil !!) favorisons un départ souple. Ce départ pourrait être progressif « en sifflet »
Pour cela le compte de revenu social doit être mis en place et le futur retraité doit très précisément connaitre son revenu global en fonction de la date qu'il choisira de son départ à la retraite.

Le futur retraité pourra choisir, avec ses partenaires (employeur, caisse de retraite, etc.) en connaissance de cause un départ progressif de son emploi en sifflet ou à temps partiel. En s'adaptant à ses besoins, ses possibilités (santé), à ceux de l'entreprise (formation), à ceux d'association ou autres.

Son revenu global sera composé de salaire partiel, retraite partielle, des aides et exonérations habituelles auquel il a droit. Il en connaitra son montant et il pourra ainsi décider de son avenir en connaissance de cause.

10. Légende du Grain de blé

Un calife voulant un jour remercier son vizir pour le travail qu'il avait réalisé, lui demanda la récompense qu'il souhaitait. Le vizir réclama simplement des grains de blé. Surpris de cette réponse, le calife lui demanda combien il en voulait. Le vizir répondit en montrant un jeu d'échec : Je veux un grain sur la première case, 2 grains sur la deuxième, 4 grains sur la quatrième, 8 grains..... etc. et ainsi jusqu'à la dernière case
Le calife, heureux de payer si peu chère, commença à exaucer le souhait du vizir, mais hélas il ne pu jamais répondre a sa demande tant la demande était énorme (2 puissance 64)

Pourquoi cette règle

Lorsque la justice doit sanctionner un contrevenant, elle n'a pas d'outils réellement progressifs. Les sanctions financières ne pénalisent ni les insolvables ni les riches. La prison n'est qu'un pis allé, et le contrevenant en sort plutôt démoli
La relaxe, le sursis ou la prison ne sont pas des sanctions éducatives.

La règle du Grain de blé du Vizir

La règle du grain de blé ou règle du caryopse induit une progressivité de la sanction, qui est forcement compris à un moment où à un autre par le contrevenant. Il comprendra cette progressivité en la vivant

Le principe est simple, chaque sanction définie par la justice, est ensuite adapté et calculée selon cette règle :

Si la justice sanctionne avec une peine par une durée déterminée:

La première fois il fera cette peine

En cas de récidive, elle sera doublée

En cas de nouvelle récidive, elle sera multipliée par 4

Etc.

Donc à la 7eme condamnation, il fera non pas la peine attribue mais 62 fois cette peine

Je vous laisse calculer pour la 10eme récidive

Le délinquant ne pourra déroger à cette règle, et comprendra à un moment où a un autre qu'il ne doit pas continuer à braver la loi. Il s'autorégulera naturellement (sauf s'il veut vraiment reboiser la Grande muraille verte Africaine)

Objectif

L'objectif de cette méthode est multiple, il doit isoler les délinquants de leurs milieux de prédation, protéger les victimes par l'éloignement, décharger la police de l'arrêt sans cesse répéter des mêmes personnes.

La prison la plus efficace est faite par la « barrière de la langue » complétée par de l'éloignement du lieu de prédation.

Ce stage imposée par la justice se déroulera dans un lieu reculé (désert, steppe, jungle,) où la langue locale ne sera pas comprise du délinquant. La barrière de la langue portera bien son nom. Le stagiaire fera une activité bénéfique au pays d'accueil.

Selon la qualité de son travail en WEB formation, il pourra raccourcir sa peine en fonction de l'évolution de ses connaissances.

Chaque stagiaire sera bien sur évalué avant son entrée en stage et seul la progression du savoir pourra agir sur la durée du stage.

Toute progression du niveau scolaire pourra réduire le temps de peine. Progression mesurée par la Web éducation (voir chapitre éducation).

11. Post-propos

Que ces idées nouvelles (et saugrenues) tapées rapidement sur un clavier, soient l'objet de débats, serait la plus belle destinée qui puissent leurs arriver, surtout dans cette période préélectorale.

D'autres sujets auraient pu être abordés avec la même logique (Santé, administration, chômage, charges patronales, etc.) , peut être dans une version ultérieure.

Merci de votre lecture et de votre mansuétude pour les erreurs qui se sont immiscées dans ce livre.